AF248396

JOSEPH VER.

CONSIDÉRATIONS PRATIQUES

SUR LE RÔLE

DE LA CONSCIENCE ET DE L'AUTORITÉ

EN MATIÈRE DE RELIGION

CONSIDÉRATIONS PRATIQUES

SUR LE RÔLE

DE LA CONSCIENCE ET DE L'AUTORITÉ

EN MATIÈRE DE RELIGION

CONSIDÉRATIONS PRATIQUES

SUR LE RÔLE

DE LA CONSCIENCE ET DE L'AUTORITÉ

EN MATIÈRE DE RELIGION

PAR

JOSEPH VÉR

MONTAUBAN

IMPRIMERIE ADMINISTRATIVE ET COMMERCIALE J. GRANIÉ

3, Avenue Gambetta, 3

—

1900

INTRODUCTION

Pour qui a pénétré tant soit peu dans les divers milieux où se développe notre vie sociale, un fait apparaît bien certain : c'est que les fortes croyances religieuses deviennent rares. A quelle cause attribuer ce mal? La diffusion de l'instruction est-elle, comme d'aucuns disent, une pierre d'achoppement pour la foi? Ou bien la puissance de la presse immorale, en augmentant la perversion, a-t-elle affaibli les volontés? Ou encore la liberté individuelle, transformée en licence coupable par une masse de gens, favorise-t-elle, plus qu'aucune autre cause, la solidarité dans la négation, dans l'indifférence ou dans le doute? Nous croyons à toutes ces pernicieuses influences.

Mais qu'on nous permette de nous expliquer. Nous pensons qu'en France l'esprit de réaction contre les vérités religieuses a trouvé toujours son compte dans l'application des lois sur l'instruction et la presse, et en général, dans l'établissement d'un régime de liberté. L'homme abuse des meilleures choses. Et dans notre pays en particulier on ignore trop ce que liberté veut dire. Encore moins connaît-on l'usage qu'il est juste de faire de cette prérogative qui vient de Dieu avant d'être règlementée par les lois.

Oui, voilà bien la cause du mal. On ne sait pas être libre. Des siècles de servitude politique et religieuse ont laissé dans l'âme française une empreinte ineffaçable et l'ont formée dans un moule qu'elle a de la peine à briser.

Pour ne parler que de la foi chrétienne, nous affirmons que la soumission aveugle à l'Église de Rome a produit des résultats qu'il est extrêmement difficile de conjurer aujourd'hui. Un chrétien catholique ne s'appartient pas. Sa vie morale et religieuse n'est pas le produit de sa liberté, du sentiment de sa responsabilité, de sa volonté, de sa conscience en un mot. Tous les actes religieux, il les accomplit par ordre du dehors; toutes ses idées sont soumises au contrôle de l'autorité infaillible. Si le doute le torture au-dedans de lui, il n'a pas le droit de l'éclaircir, et s'il prend ce droit, il ne sait pas en user, habitué qu'il est à le considérer comme un attentat. Et ainsi, la multitude s'en va, emplissant les églises, sans spontanéité, sans assurance personnelle, sans certitude acquise, par devoir légal, quand ce n'est point par curiosité ou par routine.

Toutefois un fait se produit dont il faut tenir compte. Ils sont légion parmi les catholiques ceux qui refusent de croire et qui s'intitulent libre-penseurs ou indifférents. Fatigués de croire par ordre, ou convaincus de bonne foi que la religion n'est bonne que pour les enfants et les femmes, ils rompent définitivement leurs anciennes attaches et prétendent à la jouissance paisible de leur liberté. Ainsi dégagés de ce qu'ils appellent des préjugés, ils se révoltent et prennent catégoriquement parti contre la religion, englobant dans leur mépris les personnes et les choses les plus respectables, sans discerner le vrai du faux, sans se soucier d'examiner si la foi est le produit d'une lamentable aberration ou s'il existe vraiment une doctrine religieuse et un culte qui commandent le respect et s'imposent à la conscience. D'autres, obligés par les circonstances de s'éloigner de leur église, demeurent, ainsi livrés à eux-mêmes, dans une indifférence navrante vis-à-vis de tout ce qui concerne la religion.

Seuls quelques centaines de mille citoyens

français, fermement attachés à l'Évangile, le pratiquent, le défendent en toute liberté de conscience, sans contrainte du dehors, mais spontanément et avec le degré d'initiative individuelle auquel les ont fait parvenir les progrès de leur propre vie religieuse. Nous avons nommé les protestants fidèles.

*
* *

Nous sommes donc convaincu que l'abaissement de la moralité et la faiblesse des sentiments religieux viennent, en grande partie, d'une réaction contre l'oppression que l'Église de Rome exerce sur les consciences. Nous pensons, en outre, que cette réaction, justifiée par les prétentions illégitimes d'une Église, n'en demeure pas moins un danger permanent pour la foi. Et, à notre avis, il faut que toutes les voix autorisées s'élèvent et enseignent à ceux qui, si facilement, se réclament de la liberté de conscience pour rompre avec le christianisme, quel usage l'homme peut faire et doit faire de sa liberté, quel rôle peuvent et doivent jouer en matière de religion la conscience individuelle et l'autorité.

En un mot, c'est le devoir de l'éducation des consciences qui incombe aujourd'hui plus que jamais à tous ceux qui ont accès et crédit auprès du peuple. Tel est le remède au mal dont nous parlions et dont souffre en particulier la France. Le jour où le peuple saura user de sa liberté de conscience, il aura retrouvé le Dieu de l'Évangile. Ce jour, la question religieuse sera résolue et avec elle beaucoup d'autres problèmes[1].

1. A l'époque où nous écrivions ces lignes (9 mars 1900) paraissait dans le *Christianisme au XIXe siècle* un article de M. le professeur Doumergue à propos d'une lettre que lui avait adressée un libre-penseur. Nous extrayons un passage de cette lettre : « Nous avons laissé passer, il y a 350 ans, l'occasion d'être protestants. C'est regrettable, je le répète. Mais l'occasion est perdue et ne se retrouvera plus. Dès lors, il faut voir ce qui est possible. Nous autres catholiques de tradition et d'éducation, nous pouvons cesser d'être catholiques, mais du même coup nous cessons d'être chrétiens. La forme donnée au christianisme par le catholicisme est telle qu'aujourd'hui on ne peut dépouiller celui-ci sans se défaire de celui-là. Et toutes les fois qu'on tentera de nous refaire chrétiens, en vertu de notre hérédité catholique, nous ne reviendrons chrétiens qu'en reprenant le catholicisme, quand même les agents de ce renouvellement seraient des protestants. D'un catholique français on ne peut tirer qu'un Français catholique ou un Français libre-penseur : il faut choisir. »

Et M. Doumergue a répondu : « ... L'auteur a raison. Tant que le libre-penseur conservera la psychologie, la philosophie catholique, il ne pourra être que révolté ou soumis, catholique révolté ou catholique soumis. C'est vrai, il ne pourra devenir protestant... »

« Le catholicisme, comme tout système philosophique, religieux ou social, crée une mentalité. Or, je considère une mentalité comme une machine. Elle broie toujours de la même façon. Il ne suffit pas que le cœur proteste : la machine fonctionne toujours...

« Il faut briser la machine, il faut changer de mentalité : c'est difficile, mais ce n'est pas plus difficile pour l'ignorant que pour le savant. Et c'est absolument nécessaire... »

*
* *

Les idées contenues dans ce travail, est-il besoin de le dire, ne sont pas nouvelles. Toutefois il nous a paru bon de les rééditer en ce temps surtout où l'on s'occupe si particulièrement d'évangélisation parmi les catholiques.

Nous prêchons, nous protestants, la religion de la liberté et de la conscience. C'est très bien. Mais peut-être faisons-nous résonner ces grands mots sans les expliquer pratiquement. Soyons persuadés que le citoyen français en est encore à ignorer, au point de vue religieux surtout, la pratique de la liberté et la valeur de la conscience. Et le catholique ne devient pas du jour au lendemain un chrétien vraiment libre. L'apprentissage de la liberté lui est absolument nécessaire.

*
* *

Notre but est donc de montrer que l'on peut être chrétien sans faire profession de catholicisme. Comme le dit M. le professeur Doumergue, il faut apprendre aux catholiques à changer de mentalité. N'auront-ils pas changé leur men-

talité le jour où ils auront compris la nature et
la valeur de la conscience individuelle ainsi que
la vraie notion de l'autorité?

*
* *

Travaillons donc à l'éducation des consciences. Se consacrer à l'évangélisation d'un peuple
comme le peuple français, en négligeant cette
œuvre essentielle, c'est consentir à jeter la divine semence sur une terre inféconde. Le bon
grain lèvera peut-être rapidement. Mais bientôt
le moindre vent emportera l'herbe desséchée,
car elle n'aura pas pris de fortes racines. Pour
parler proprement, il n'y aura de changé que la
surface et les consciences resteront à la merci
de l'autoritarisme catholique... ou libre-penseur.

PREMIÈRE PARTIE

LA CONSCIENCE[1]

Qu'est-ce que la conscience? C'est un fait, une puissance intérieure de l'être raisonnable qui différencie essentiellement l'homme de la brute; c'est le privilège accordé à l'homme de se connaître nettement distinct de ce qui n'est pas lui, de se prononcer sur ce qui est bien et ce qui est mal, de se sentir uni à un Être parfait par des besoins et des devoirs. Grâce à la conscience, l'homme se connaît comme une personnalité responsable et libre.

Nous n'avons point à nous occuper ici de la conscience psychologique. Ce qu'il nous importe de savoir, c'est comment la conscience morale conduit à la religion.

1. Il s'agit ici, non pas de la conscience humaine *in abstracto,* mais de la conscience d'un Français de nos jours.

CHAPITRE PREMIER

LA CONSCIENCE MORALE ET SON FONDEMENT

« La conscience morale n'est pas autre chose
que la conscience psychologique, c'est-à-dire
l'information intérieure, la connaissance intui-
tive, directe de ce qui se passe en nous; seulement c'est cette même conscience, considérée
comme s'appliquant spécialement à une certaine
catégorie de faits, aux faits moraux, c'est-à-dire
à ceux qui se passent en nous quand nous sommes en présence d'actions volontaires[1]. » Or, en
présence d'actions volontaires que se passe-t-il
en nous? Nous nous sentons obligés d'agir de
telle manière plutôt que de telle autre. Cette
obligation s'appelle le devoir et s'impose à nous
sous forme de loi, loi morale invariable qui est
la même chez tous les êtres raisonnables et à
laquelle nul ne peut se soustraire.

[1]. Marion, *Leçons de morale*, p. 17.

La conscience est, en ce sens, un tribunal intime auquel tous les hommes ont toujours fait appel. Ce que Sénèque exprime en ces mots : « Sacer intra nos spiritus sedet, malorum bonorumque nostrorum observator et custos; hic prout a nobis tractatus est, ita nos ipse tractat[1]. »

Pour qu'il en soit ainsi, il faut donc que le sentiment de l'obligation soit, au moment d'accomplir une action volontaire, inséparable de la conscience de la manière dont nous devons agir. Aussi, malgré les contradictions invoquées pour prouver que le contenu de la loi morale a varié chez tous les peuples, nous croyons, à l'encontre de Montaigne, Pascal, Locke et leurs disciples, qu'il a existé chez tous les hommes des traditions. morales semblables, et, entre les divers peuples, des principes fondamentaux identiques[2].

Mais cette loi morale qui l'impose? Est-ce Dieu? est-ce l'homme lui-même?

Il y a des philosophes qui placent le fondement de la loi morale immédiatement en Dieu. Ils ne prennent pas garde qu'elle réside en chacun de

1. Ép. 41 : « En nous réside un esprit divin : nos vertus et nos vices sont soumis à son contrôle et à sa surveillance : de la même manière dont nous l'avons traité il nous traite à son tour. »
2. Cf. Janet, *Morale*, ch. IV : « De l'universalité des principes moraux. »

nous, et qu'à y regarder de près, elle est l'homme lui-même consultant sa raison au moment où il doit agir. Oui, toute obligation est le résultat direct d'un décret de la conscience humaine, et ce qui le prouve, c'est que tout individu, même en dehors de toute religion, se sent enchaîné par ce qu'il appelle « sa conscience ».

D'autres ne donnent à la loi morale aucun fondement immédiat quand ils la considèrent comme une pure forme de l'entendement humain ou comme un impératif catégorique imposant un ordre, sans raison, sans possibilité de l'appliquer à quelque devoir[1]. Ils oublient que l'obéissance à la loi morale est une obéissance raisonnable et raisonnée et non pas l'acquiescement aveugle à un *sic volo, sic jubeo*[2].

Selon nous, la loi morale repose sur le sentiment que nous avons tous de notre nature perfectible et sur un besoin d'idéal. L'homme aspire à la perfection. C'est ce penchant qui influe sur la conscience lorsqu'elle prononce ses arrêts. Et ce que nous appelons le devoir, c'est toujours, entre plusieurs décisions à prendre, celle que la

---

1. Renouvier adresse à Kant cette critique. *Deuxième essai de critique générale,* « Examen des doctrines de Kant ».

2. « Telle est ma volonté; tels sont mes ordres. »

conscience juge comme étant la plus conforme à la loi du « meilleur moral ».

Toute obligation repose donc sur la conscience humaine, directement.

Cependant, comment l'homme pourra-t-il s'expliquer son besoin de perfection? Comment arrivera-t-il à comprendre le pourquoi de l'obligation? N'est-ce pas par l'idée d'une raison suprême, souveraine, législatrice, par l'idée de Dieu lui-même?

C'est ainsi que l'on est conduit à dire que si le fondement de l'obligation morale c'est la conscience, on n'en est pas moins amené à croire en un Dieu auteur de la nature humaine, créateur de la conscience, en un Dieu parlant à l'homme à travers la conscience et par le moyen de la loi morale.

« Conscience! conscience! s'écrie Rousseau, instrument divin, immortelle et céleste voix, guide assuré d'un être ignorant et borné, mais intelligent et libre, juge infaillible du bien et du mal, tu rends l'homme semblable à Dieu[1]. »

« L'Éternel donne la sagesse et c'est de sa bouche que procède la connaissance et l'intelligence[2]. »

1. *Confession du Vicaire Savoyard.*
2. Prov. ii, 6.

1 — 2

L'homme entendra donc toujours la voix de Dieu en lui, s'il le veut, car elle est à sa portée, et il n'aura besoin, pour qu'elle lui parvienne, que de mieux connaître sa propre nature morale, de mieux obéir à ses besoins de perfection. « Si Dieu n'est pas pour nous le bien humain, il n'en est pas moins le bien suprême; s'il n'est pas, ne craignons pas de le répéter, le fondement immédiat, la forme même du bien de l'homme, il n'en est pas moins la raison dernière, le principe suprême des choses. Veut-on trouver la raison de la nature de l'homme, c'est bien jusqu'à Dieu qu'il faut s'élever... Si nous avons osé dire que rien ne nous oblige, si ce n'est ce qui est humain, nous avons ajouté que l'homme tient au divin, que l'humain en dérive pour le métaphysicien qui veut remonter jusqu'à son origine et son principe. C'est à travers notre conscience que Dieu nous signifie la loi morale; si la morale est humaine, cela ne veut nullement dire qu'elle soit athée[1]. » L'Écriture elle-même ne dit-elle pas : « Ce commandement que je te prescris n'est point trop élevé au-dessus de toi et il n'est pas éloigné de toi... Car cette parole est fort proche de toi; elle est dans ta bouche

---

1. Fr. Bouillier, *La vraie conscience,* p. 280.

et dans ton cœur afin que tu l'accomplisses[1] ? »

Et Vinet : « La conscience est l'ambassadeur de Dieu; quand elle n'aura plus de qui se réclamer, quand ses lettres de créance seront déchirées, il nous sera libre de l'éconduire avec mépris. » « Dans les moments de recueillement et de vie intime, nous sentons que notre relation fondamentale et vraie est avec l'infini, que nos racines s'y enfoncent, et que par là seulement notre existence a un sens. Alors nous sentons que Dieu est l'idée des idées, la vérité des vérités; que non seulement il enveloppe toute notre existence, mais qu'il en pénètre toutes les parties; que sa pensée réclame comme lui-même un droit de toute présence, qu'elle veut être mêlée à la fois à tous les éléments et successivement à tous les moments de notre vie; que cette vie, pour avoir une raison, doit, non seulement une fois pour toutes, mais à chaque instant, recevoir Dieu tout entier; qu'il en doit déterminer, régler chaque pulsation; en un mot, que la plus haute des idées nous est aussi la plus proche, que le sublime, le nécessaire ne sont qu'un, que Dieu est le pain de la pensée. Forcément (l'homme) a des principes suivant que Dieu est ou n'est pas,

____

1. Deut. xxx, 11 à 15.

et suivant ce que Dieu peut être l'homme sera tel ou tel. Telle sa croyance, tel lui-même. Il n'est aucun individu qui ne soit prêt à convenir que les différentes solutions de ces questions premières entraînent dans la vie les plus graves conséquences; que tout notre être en est modifié et déterminé, et que, dans un sens général mais profond, savoir ce que nous croyons c'est connaître ce que nous sommes[1]. »

1. Vinet, *Essai sur la manifestation des convictions religieuses.*

CHAPITRE II

LA CONSCIENCE, LA RESPONSABILITÉ ET LE LIBRE ARBITRE

La conscience oblige l'homme à agir toujours conformément à « sa » connaissance du bien et du mal. Pour faire le bien plutôt que le mal, il faut qu'il se sente libre de choisir entre deux déterminations contraires possibles. Enfin si l'homme est libre, il est aussi responsable de ses actions, au moins dans les cas où sa réflexion lui aura permis d'examiner plusieurs actions contraires possibles, d'en peser les suites et de juger quelle sera la plus conforme au bien.

Entendue dans son sens absolu, la liberté est le but que l'homme doit se proposer. S'affranchir du joug des passions et de tous les penchants mauvais, maîtriser ses sens, ses craintes, ses désirs, c'est se préparer à mieux connaître son devoir et à l'accomplir avec sincérité et vaillance : c'est la liberté. Aussi cette liberté n'est que relative chez tous les hommes, bien que susceptible de perfectionnement. Elle n'est parfaite que si elle se trouve accompagnée de l'impeccabilité. Dieu est souverainement libre, car il est souverainement saint.

Mais la liberté peut être entendue dans un autre sens en tant qu'elle signifie le pouvoir de se déterminer volontairement. Cette liberté de choix s'appelle le libre arbitre et varie selon les volontés. Il y a des volontés fortes et des volontés faibles. Chacun est moralement responsable dans la mesure de son libre arbitre. Mais tous sont responsables à quelque degré, car, pour aussi faible que l'on soit, on n'est jamais tout à fait incapable de réagir. Le libre arbitre favorise donc l'effort, et c'est par une suite d'efforts que l'homme tendra vers la liberté parfaite.

Au libre arbitre s'oppose le fatalisme, doctrine très répandue dans toutes les classes de notre société[1]. Les événements, dit-on, dépendent d'une force aveugle, et ce qui doit arriver arrivera. « C'était écrit. » Quand le malheureux ouvrier est tombé du haut d'un échafaudage, on s'empresse de s'écrier : « Le pauvre homme!

---

1. Notre travail n'a qu'un but pratique. Nous passons sous silence la doctrine théologique de la prédestination et le fatalisme de Spinoza.

c'était sa destinée ! » Leibnitz appelle cette doctrine un sophisme paresseux (le λόγος ἀργός des
anciens). Nous donnons la réfutation du fatalisme
par Leibnitz : « ... Cette considération fait tom-
ber en même temps ce qui était appelé des anciens le sophisme paresseux qui concluait à ne
rien faire. Car, disait-on, si ce que je demande
doit arriver, il arrivera quand je ne ferais rien ;
et s'il ne doit pas arriver il n'arrivera jamais,
quelque peine que je prenne pour l'obtenir. On
pourrait appeler cette nécessité qu'on s'imagine
dans les événements détachés de leurs causes
« fatum mahometanum », parce qu'on dit qu'un
argument semblable fait que les Turcs n'évitent
pas les lieux où la peste fait ravage. Mais la ré-
ponse est toute prête ; l'effet est certain, la cause
qui le produit l'est aussi, et si l'effet arrive, ce
sera peut-être par une cause proportionnée.
Ainsi votre paresse fera peut-être que vous n'ob-
tiendrez rien de ce que vous souhaitez et que
vous tomberez dans les maux que vous auriez
évité en agissant avec soin. L'on voit donc que
la liaison des causes et des effets, bien loin de
causer une fatalité insupportable, fournit plutôt
un moyen de la lever. Il y a un proverbe alle-
mand qui dit que la mort veut toujours avoir une
cause ; il n'y a rien de si vrai. Vous mourrez ce

jour-là (supposons que cela soit et qu'on le pré-
voie); oui, sans doute, mais ce sera parce que
vous ferez ce qui vous y conduira. Le sophisme
qui conduit à ne se mettre en peine de rien sera
peut-être utile quelquefois pour porter certaines
gens à aller tête baissée au danger; et on l'a vu
particulièrement des soldats turcs, etc., etc. »

Mais puisque l'homme est libre et qu'il se sent
le maître de ses actes, il doit consentir à ce qu'on
les lui impute. La responsabilité, c'est donc l'obligation, pour tout agent libre, de rendre compte
de ses actions. Cette idée d'obligation doit créer
en chacun de nous le sentiment du respect que
nous devons à la loi du devoir et suggérer l'idée
que nous gagnons ou nous perdons, selon les
circonstances, en valeur morale.

Donc, pour tous les hommes, quelque chose
est permis ou défendu; pour tous, il y a quelque
chose à faire ou quelque chose à éviter.

La responsabilité varie selon le degré de liberté
et de réflexion des hommes. Voilà pourquoi chacun ne peut être jugé que selon sa culture intel-
lectuelle et morale, selon ce qu'il a réellement
voulu. Dans bien des cas, le degré de notre responsabilité nous échappe à nous-même. Seule, la
justice divine, en vertu de sa science parfaite, a
le droit de nous juger avec rigueur. Si cette pen-

séo pouvait nous rendre plus indulgents pour les autres et beaucoup moins pour nous-mêmes! Puissions-nous faire tout notre possible pour connaître, en toute circonstance, notre devoir, et agir en conscience après avoir pris toutes les précautions pour faire de notre mieux!...

CHAPITRE III

LA CONSCIENCE ET LA RELIGION

L'homme responsable et libre, obéissant à la
loi morale, peut-il être juste et bon sans religion? Les partisans de la morale indépendante
répondent : oui. Mais, dirons-nous, l'absence de
croyances religieuses n'entraîne-t-elle pas, chez
l'homme, une diminution de la moralité? Oui,
car la vie morale doit exprimer l'homme tout
entier aussi bien dans ses rapports avec lui-
même que dans ses rapports avec Dieu et avec
les hommes. « L'homme, dit Vinet, a besoin
d'adorer. La foi à l'infini est la loi de son être.
Il cherche l'infini partout et, plutôt que de s'en
passer, il le suppose où il ne l'est pas. »

Qu'on ne vienne pas nous dire que l'homme n'a
que faire de la religion et que la théologie n'est
qu'un recueil de symboles et de mythes destinés
à disparaître pour faire place aux notions posi-

tives dues à l'observation et à l'expérience[1].

Sans doute il n'y a rien de plus subjectif que la religion. La foi n'est pas la science. Mais s'ensuit-il que la science pourra satisfaire à elle seule l'homme tel que nous le révèle l'histoire et l'expérience?

On s'est efforcé de démontrer que la religion est un état transitoire[2]; qu'elle n'appartient qu'à la période d'enfance de l'humanité; qu'elle ne satisfait que la tendance à croire, à aimer le mystérieux, l'inconnu; enfin, que la réflexion et la raison feront disparaître les croyances pour mettre à leur place des notions plus évidentes...

Heureusement, répondrons-nous, la religion n'est pas une pure illusion, une fantaisie de l'imagination. Du moins, il n'est pas encore prouvé qu'elle ne soit que cela. Nous ne le contestons pas, le sentiment joue un grand rôle en religion. Mais le sentiment serait-il par hasard quelque chose d'anormal chez l'homme? Nous savons au contraire combien il nous grandit.

Et qu'on ne nous concède pas que la religion a une valeur relative qui la rend très utile. Cela ne suffit pas. La question serait de savoir si oui

1. La théorie positiviste des trois états (*Principes de philosophie positive*, avec préface de Littré, p. 82 et suiv.).

2. Vacherot, *La Religion*. (1868).

ou non la foi doit disparaître parce qu'elle n'est pas un élément essentiel dans l'humanité.

La religion, qui prend ses racines dans la conscience, apprend à aimer le bien suprême, la perfection, c'est-à-dire Dieu. Elle fait sentir à l'homme sa fragilité, la vanité de tout ce qui l'entoure, comme aussi des choses qui lui sont ici-bas le plus chères; elle lui propose des biens éternels, de préférence aux biens misérables de ce monde; elle lui enseigne les moyens de communier avec l'Auteur de toute perfection. La religion montre même Dieu à l'homme comme un Père qui l'aime d'amour infini, qui le délivre du mal, qui le console, qui le relève de ses défaillances et l'aide à devenir meilleur.

La croyance en la bonté et l'amour de Dieu, — qui le contestera? — perfectionnent le sentiment moral. Et si, d'une part, la conscience nous fait un devoir de perfectionner notre nature morale, si, d'autre part, la religion favorise au plus haut degré ce perfectionnement, nous pouvons conclure que la religion est un devoir et qu'il y a relation intime entre le sentiment moral et le sentiment religieux.

Et puis, comment aimer les hommes si l'on ne croit pas en Dieu, si l'on n'a pas de religion? « Que m'importe cette fourmilière dont je fais

partie? Quelle se tire d'affaire comme elle pourra!
Pourquoi me donner tant de mal pour si peu
d'effet? Supposez un sage citoyen, ami de la
liberté civile et politique et prêt à tout souffrir
pour la procurer à son pays. Tant qu'il croira
cette œuvre possible, la sagesse aussi bien que
la vertu lui commandera de s'y consacrer tout
entier. Mais que l'expérience vienne à lui démontrer qu'une belle œuvre est une chimère,
que ses concitoyens sont trop lâches ou trop
vicieux pour être dignes et capables du bien
qu'il veut leur assurer; supposons qu'il ne voie
partout autour de lui que cupidité, servilité,
passions effrénées et odieuses, enfin qu'il arrive
à la conviction que la liberté, parmi les hommes,
ou, du moins, chez un tel peuple est une illusion,
croit-on qu'il pourra, croit-on même qu'il devra
continuer de consumer ses forces à une œuvre
impossible? Encore une fois, je puis et je dois
m'oublier moi-même et laisser à l'éternelle justice ou à la divine bonté le soin de veiller à mes
destinées; mais ce que je ne puis oublier, ce qui
ne peut me laisser indifférent, c'est le règne de
la justice dans le monde. Il faut que je puisse
dire : *Adveniat regnum tuum.* Comment le pour-
rai-je, s'il n'y a pas un Père qui, en nous confiant
le soin de faire arriver son règne, l'a rendu au

moins possible en faisant le monde, et comment dois-je croire que de ce grand vide où l'on veut nous réduire il puisse sortir un règne de volontés saintes et justes, liées entre elles par les lois du respect et de l'amour[1] ? »

1. Janet, *La Morale*, p. 611 et 612.

DEUXIÈME PARTIE

LA CONSCIENCE ET L'AUTORITÉ

CHAPITRE PREMIER

L'AUTORITÉ DE LA CONSCIENCE

« Qu'est-ce donc que la conscience, sinon l'organe, le ministre résident de Dieu au milieu de nous ? Si donc elle est Dieu, il faut la traiter comme Dieu le mérite[1]. »

Il n'y a pas de loi morale et de devoir indépendants de la conscience. L'homme obéit au devoir tel qu'il le connaît et qu'il le comprend par ses propres réflexions. Cette loi de la conscience est la seule loi absolue pour lui, à tel point que même quand il se soumet à la loi de Dieu, c'est parce qu'il est convaincu que tel est son devoir.

Mais si la conviction personnelle est la loi du devoir, il ne s'ensuit pas qu'il faille toujours

---

[1]. Vinet.

ne consulter que soi-même. Il est bon, au contraire, de tenir compte de ce que disent et pensent les autres hommes. L'expérience le prouve ; le bon sens l'indique. Il est bon aussi de profiter des directions et des lumières des personnes réputées plus sages. Mais il serait immoral de se débarrasser de sa propre conscience en se soumettant, *perinde ac cadaver*, à la direction d'autrui. La direction des consciences, qui a fait longtemps la force de l'Église catholique, deviendra de plus en plus, pour cette Église, un élément de faiblesse, à mesure que les hommes se laisseront davantage guider par le seul sentiment de leur responsabilité.

Mais, dira-t-on, la conscience peut se tromper ; elle a donc besoin d'un guide. Oui, répondrons-nous, on peut se tromper quand on dit : « Tel est mon devoir » ; mais on ne se trompe jamais quand on ajoute : « Je reconnais que tel est mon devoir, je dois le faire ». En d'autres termes, je puis ne pas savoir toujours quel est au juste mon devoir ; mais je ne me reconnais obligé de faire que ce que je crois mon devoir. Pourquoi donc me confierai-je nécessairement à un guide, puisque en définitive, quand je dois agir, ce n'est qu'à moi-même, à la loi du devoir qui est en moi, que je dois obéir ?

Mais on insiste : « Obéissez à la parole de Dieu. » — Oui, j'obéirai, mais parce que ma conscience m'y obligera.

Comme on voit, quand il faut agir, se décider, la conscience que l'on a au moment même de prendre la décision est le souverain juge qui décide.

On insiste encore : « C'est donc (votre conscience) que vous érigez en arbitre souverain de la vérité en soi et de toute vérité. Mais si l'arbitre souverain qui est en vous est en désaccord, sur quelque point de doctrine, avec l'arbitre souverain qui est en moi, qui tranchera le différent? Raison contre raison, conscience contre conscience, vous reconnaîtrez que la mienne vaut bien la vôtre, et que, comme le poète enfant du siècle, j'ai aussi mon cœur humain, moi! Vous voyez que faire de la raison et de la conscience, qui ne sera jamais, en tout état de cause, que la raison ou la conscience de M. un tel, l'arbitre souverain, la norme, la mesure du vrai, c'est déclarer qu'il n'y a que des vérités subjectives et individuelles, qu'il n'y a point de vérité absolue, de vérité en soi, de vérité en Dieu; en supprimant l'autorité, vous avez supprimé la vérité[1]. »

1. Grétillat, *Chrétien évangélique*, 1881, p. 371.

Pourquoi n'admettrions-nous pas une vérité en soi, une vérité absolue en Dieu, et qu'est-ce qui nous empêcherait, en même temps, de faire de notre conscience l'arbitre souverain de cette vérité en soi et de toute vérité, mais souverain « pour nous »? « Je n'aboutis pas par là à ne reconnaître que des vérités subjectives et individuelles, mais bien à ne reconnaître que des convictions individuelles et subjectives : y en aurait-il d'autres, par hasard? Alors, dit M. Grétillat, qui tranchera le différend entre ces convictions diverses? Personne, répondons-nous, puisque nous n'avons pas de pape, et il est fort heureux que notre différend ne soit pas et ne puisse pas être tranché extérieurement et coactivement. Renonçons une bonne fois au dogmatisme et à l'évidence contraignante. Croit-on pouvoir sauver le dogmatisme par l'autorité? Mais nous demandons à M. Grétillat : qui tranchera le différend entre votre autorité à vous et mon autorité à moi? Est-ce que ce ne sera pas « pour moi » ma conscience et ma raison et « pour vous » votre raison et votre conscience? Le reproche adressé au subjectivisme est plaisant. On dirait que l'humanité tout entière est réunie dans une foi commune à une autorité unique et absolue : sur ce, quelques brouillons de subjectivistes se dresseraient et auraient le front de tout bouleverser par leurs théories subversives; et, si on les écoutait, voilà la vérité qui serait « fractionnée et par conséquent dissoute » ! Mais non ! mais non ! Ouvrez les yeux et regardez! Ce sont les subjectivistes qui sont dans la stricte réalité, et non pas vous. Car enfin, il y a des théologies et des religions diverses, il y a des gens qui discutent sans arriver à se mettre d'accord, il y a le libre examen, il y a la liberté de conscience, il y a la tolérance. Nul n'a le droit d'imposer à l'univers sa manière de voir, ni le pouvoir de convaincre le monde. Et non seulement il en est ainsi « en fait », mais il est bon qu'il en soit ainsi « en droit[1] ».

Toutes ces considérations devraient nous faire réfléchir. Nous sommes responsables devant Dieu du degré de développement actuel de notre conscience. A chaque instant de notre vie nous devrions nous demander : Qu'ai-je fait jusqu'ici pour éclairer ma conscience? Qu'ai-je appris pour perfectionner mon éducation morale? Me suis-je toujours efforcé de mieux connaître la vérité?...

1. Bois, *De la connaissance religieuse*, p. 330, note 1.

CHAPITRE II

Donc la conscience ordonne, et nous devons lui obéir. Mais, nous dira-t-on, prenez garde; en établissant, comme vous le faites, la souveraineté de la conscience, vous vous attribuez le droit de contester l'autorité de Dieu, de la Bible et de l'Église. Or, une autorité que vous pouvez contester, n'en est pas une pour vous[1]. Vous ébranlez, vous méconnaissez toute autorité extérieure. — Non, répondrons-nous, l'autorité c'est le droit d'une personne d'être obéie, d'être crue, ou d'être obéie et crue, tout à la fois. Mais ce droit n'aura de valeur à mes yeux, que si je le reconnais. Une autorité ne sera vraiment une

1. Cf. pour de plus amples développements théoriques *L'autorité en matière de foi et la nouvelle École*, de M. le professeur Doumergue. — Du même auteur, *Le sentiment moral*, ouvrage théorique d'apologétique chrétienne.

autorité pour moi, que si je puis l'accepter en
conscience, et je ne l'accepterai que si la personne en qui elle réside m'offre toutes les garanties désirables de sincérité et de moralité[1]. Ah !
nous le savons bien, ils sont rares aujour-
d'hui, ceux qui savent user des droits que
leur donne leur conscience. L'autorité extérieure? Mais elle seule fait mouvoir les foules !
« L'autorité domine la société, elle régit le
monde; son empire s'étend sur l'ordre temporel
comme sur l'ordre spirituel; le terrain qu'elle
perd sur certains points, elle le gagne sur d'autres. La foi d'autorité embrasse, dans le domaine
intellectuel et moral, tout ce qui ne se fonde pas
sur la vue immédiate des principes ou l'observation directe des faits, tout ce qui est motivé par
l'expérience, la tradition, la coutume, les lumières d'autrui, le témoignage humain et divin, etc. Eh bien! essayez le dépouillement des
croyances que l'homme admet sur cette seule
base dans tous les rangs de la hiérarchie sociale
et qui gouvernent ses convictions et ses actions,
auxquelles il s'abandonne sans réserve, dont il
fait sans hésitation le principe de sa conduite,
la règle de son existence, le point d'appui de ses

---

1. H. Bois, *De la connaissance religieuse*, chap. XIV.

plans et de ses travaux, comme de ses espérances les plus chères, et vous trouverez qu'à la lettre nous vivons de la foi d'autorité; toute l'activité sociale, en particulier, repose sur la confiance que l'homme place dans la parole de l'homme... Examinez, sondez, refléchissez, et vous verrez, ainsi que nous disions tout à l'heure, que cette vieille puissance, qu'on représente comme détrônée ou sur le point de l'être, agit partout dans la plénitude de sa force, et que, si le monde lui échappe par quelques côtés, elle le ressaisit par mille autres[1]. »

Tel est le fait : l'individu est placé par sa naissance, par son éducation, par ses habitudes et ses préjugés, sous la direction d'une autorité.

Comment établir une conciliation avec tout ce que nous avons dit précédemment au sujet de la conscience?... Ce fait, dirons-nous, ne prouve rien contre l'individualisme. Serait-il défendu à un être raisonnable et libre d'examiner la valeur d'une autorité extérieure en matière de religion, de tout contrôler lui-même pour tout ce qui concerne la foi religieuse? La religion est immédiatement basée sur le sentiment individuel. C'est

1. Jalaguier, *Le témoignage de Dieu, base de la foi chrétienne*, p. 12 et suivantes.

la rencontre et la communion de l'individu avec Dieu. La conscience seule pourra donc, en matière religieuse, prononcer des arrêts catégoriques et obligatoires. Elle constate le devoir et l'impose. Toute religion venant du dehors, et qui s'impose sans l'assentiment de la conscience, n'oblige pas. Toute conviction religieuse doit être la conséquence d'une expérience personnelle.

Nous l'avons dit, par son expérience personnelle, l'homme normal reconnaît l'existence de Dieu; reconnaître cette existence, c'est se soumettre librement à une autorité. On peut donc affirmer que Dieu est une autorité pour les consciences : autorité extérieure, puisqu'elle réside en une personne autre que l'homme; intérieure, puisqu'elle se manifeste à l'homme par l'homme même, par ce qu'il a de plus intime, sa conscience. C'est en ce sens qu'on peut appeler la voix de la conscience la voix même de Dieu.

Dieu est donc une autorité.

Mais l'homme n'est point isolé en ce monde. D'autres ont vécu avant lui qui ont déposé, en des livres qu'ils nous ont légués, le récit de leurs expériences personnelles et le témoignage de leur propre conscience. Parmi ces documents, le plus parfait, le plus apprécié, c'est la Bible. Ce livre est considéré comme la parole de Dieu, transmise jusqu'à nous, à travers les âges et à travers des consciences d'élite.

Est-ce à dire que la Bible constitue une autorité à laquelle tout homme soit obligé de se soumettre? Distinguons : L'Écriture sainte sera une autorité toutes les fois que la conscience individuelle y reconnaîtra l'autorité de Dieu. Il s'en faut que toutes ses pages révèlent cette autorité. Inutile de le dire, la Bible n'est plus considérée comme un code religieux infaillible, et nul ne soutiendrait victorieusement aujourd'hui l'inspiration littérale; l'historicité de certains livres est contredite; les auteurs ont parlé comme on parlait de leur temps, etc., etc. Ce qui importe, ce n'est pas la réalité historique des événements racontés par la Bible, c'est la réalité religieuse, c'est-à-dire l'effet produit sur le lecteur par les événements racontés, les relations morales de ces événements avec sa vie. Si les paroles de la Bible nous rapprochent de Dieu, ne reconnaîtrons-nous pas, par le fait, une autorité à ce livre? Le fait moral et religieux nous ne pouvons le traiter de réel qu'en tant que nous l'avons expérimenté. « Cessez donc de chercher dans la Bible cette certitude objective, et, pour ainsi dire, de seconde puissance qui s'appelle l'infaillibilité. Pour le philosophe, c'est une chimère psychologique; pour le protestant, une chimère théologique. Vous n'y trouverez jamais que votre certitude personnelle qui, si forte qu'elle soit, ne peut faire loi pour les autres. Laissez donc chaque conscience mettre elle-même la limite selon ses lumières, acquérir et conquérir des croyances qu'elle vive, gagner par son travail son pain spirituel. Il le faut bien, d'ailleurs, puisque vous n'avez pas de pape qui puisse dispenser de ce travail[1]. »

Ainsi comprise, la Bible est une autorité pour l'individu, car la conscience y rencontre l'autorité même de Dieu.

C'est ce qu'affirment les Églises, sociétés d'individus reliées entre elles par une même foi religieuse. Dès lors une Église ne peut prétendre au privilège d'être une autorité en matière de religion que si elle s'appuie sur la Parole de Dieu, reconnue comme telle, dans la Bible. Le libre examen dénie à toute autorité extérieure le droit de s'imposer aux consciences. Ce qui fait donc la valeur de la religion ce n'est pas la soumission à une Église, mais sa conformité avec l'enseigne-

---

1. Pillon, *Année philosophique*, 1892, p. 251.

ment de la Bible reconnue comme autorité. Et de même que l'autorité de la conscience ne saurait attendre de la société qui l'entoure des garanties morales, parce que cette autorité est supérieure à celle de la société; de même la foi religieuse ne saurait recevoir sa certitude de la société à laquelle l'homme se rattache.

Ce que chacun reconnaîtra à toute Église, c'est le droit de s'emparer de la Bible comme d'un livre qui nous met en état d'apprécier les relations humaines avec Dieu, et de nous former une conception religieuse de l'ensemble des choses. C'est parce que la parole de Dieu est devenue parole de salut pour quelqu'un que l'Église s'en empare et montre, par la bouche de ses interprètes autorisés, comment chaque fidèle peut profiter de ces expériences[1].

---

1. Ces développements sont empruntés au cours inédit de M. le professeur Westphal (1er semestre 1899-1900).

CHAPITRE III

JÉSUS-CHRIST

Que penser de Jésus-Christ? Une conscience vraiment morale et religieuse ne reconnaîtra-t-elle pas en lui la manifestation la plus vivante de Dieu sur la terre.

Nous parlons, bien entendu, du Christ historique, non pas d'un Christ « simple produit perfectible de la conscience religieuse, et dont l'image n'aurait qu'un caractère purement subjectif et essentiellement variable ». Comment pourrions-nous connaître d'autre Christ que celui dont les paroles et les actes nous sont rapportés par les auteurs sacrés?

L'autorité de Christ se fonde sur sa sainteté, telle que nous la fait connaître l'histoire. C'est parce que Jésus a été saint que nous croyons à sa compétence et à sa sincérité en matière religieuse et morale.

Cette autorité est-elle infaillible? Nous pensons que toute conscience droite n'aura pas de peine à reconnaître cette infaillibilité, à condition de la restreindre au seul domaine religieux et moral.

Cependant on ne pourra pas prouver que Jésus-Christ se soit trompé sur un point quelconque étranger à la foi; on ne démontrera pas non plus qu'il n'ait jamais erré en tant qu'homme. « Il faudra bien se résigner à admettre que sur des sujets qui ne touchent pas à la vie religieuse et morale, sur des sujets d'histoire et de littérature, fût-ce même sur des sujets d'Histoire sainte et de littérature biblique, Jésus a partagé les idées de son temps et redit les assertions de ses contemporains. Et si ces idées, ces assertions étaient erronées, on arriverait à cette conclusion que, sur des questions de cet ordre, Jésus n'a pas été soustrait à la règle d'après laquelle *errare humanum est*. A ceux qu'épouvante cette pensée (et nous comprenons leur émoi, nous en sommes touché et ému à notre tour), nous soumettons simplement cette remarque que Jésus a été semblable à nous en toute chose, hormis le péché, et que l'erreur n'est pas un péché. Et nous ajouterons que bien loin de trouver dans cette constatation une diminution, une dépréciation de notre

Sauveur, nous y voyons au contraire un motif
de plus de reconnaissance et d'admiration atten-
drie envers lui. Car il n'a pas seulement voulu
partager nos misères physiques, la faim, la
soif, la fatigue, nos souffrances, nos angoisses,
notre mort, mais aussi s'abaisser à partager
nos erreurs et nos ignorances. Son dépouillement ne nous apparaît que plus adorable et plus
divin[1]. »

Mais les auteurs sacrés ne nous parlent pas
seulement de l'humanité de Jésus, ils attestent
aussi sa divinité. Ils nous le montrent ayant une
conscience claire et limpide de lui-même, de son
origine céleste. Jésus se voit comme un être
venant de Dieu et devant retourner à Dieu. Il a
vu Dieu. C'est de Lui qu'il a reçu la mission
d'enseigner les hommes, de les sauver. En quit-
tant le Père, il a abandonné la gloire dont il
jouissait. Il a revêtu notre misérable nature humaine, il est mort, il est ressuscité et a repris
son rang auprès du Père.

A la suite de quel *a priori* la conscience aurait-
elle le droit de rejeter l'autorité du Nouveau
Testament? Qu'y a-t-il de choquant, d'irraison-
nable à affirmer ce que Jésus-Christ lui-même

____

1. Lucien Gautier, *Le Chrétien évangélique*, 20 août 1892, p. 378.

affirme? Si nous sommes autorisés à croire que Jésus-Christ nous révèle pleinement Dieu, qu'il l'a vu, qu'il le connaît, c'est qu'il manifeste visiblement la divinité dans sa personne et dans ses œuvres. On nous dira que nous croyons au mystère. En présence de l'inexplicable, et l'inexplicable n'est pas rare aussi dans le domaine de la nature, nous n'hésiterons pas à nous déclarer franchement agnostique. Nous nous inclinons respectueusement devant la grande figure de Jésus-Christ. Nous recueillons toutes ses affirmations et nous affirmons surtout sa divinité, car lui-même l'affirme. Libre à d'autres de la nier sous leur propre responsabilité. Et quand nous cherchons à nous l'expliquer, ce dont personne ne nous contestera le droit, nous prenons garde de ne pas la compromettre[1].

Toute conscience droite reconnaîtra donc l'autorité de Jésus-Christ, en se réservant peut-être, sur certains points, le droit de contrôle[2]. Quant à nous, nous allons plus loin. Cette autorité de Jésus-Christ, nous la considérons comme nécessaire à la conscience humaine, car Christ s'impose à tout homme comme un collaborateur indis-

---

1. D'après un cours inédit de M. A. Westphal.
2. Voir plus haut, p. 40-41, la citation de M. Pillon.

pensable dans l'accomplissement de la tâche suprême : la réalisation de la destinée morale[1]. Consultons l'expérience des chrétiens.

1. Cf. Godet. *Études bibliques* : « Jésus-Christ, son œuvre. » Cf. aussi *Jésus-Christ fondement de l'autorité des Écritures* (Godet).

CHAPITRE IV

LA CONSCIENCE RELIGIEUSE ET L'AUTORITÉ TIRÉE
DE LA PERSONNE MÊME DES CHRÉTIENS

D'après tout ce que nous avons dit sur la conscience morale, l'homme s'élève jusqu'à l'idée d'un Dieu Créateur et se sent obligé par Lui. La négation la plus complète, la plus radicale, ne pourra jamais changer sur ce point les données de la loi morale telle que nous l'avons envisagée.

Mais tout en conservant l'indépendance unie au sentiment religieux, la conscience ne dit-elle plus rien à l'homme, en matière de religion ? Serons-nous suffisamment éclairés lorsque nous reconnaîtrons Dieu comme le principe fondamental de la morale, et que nous saurons dans quelles relations nous sommes avec Lui ? Non. Car nous serons obligés de confesser que notre conscience devenue, par le fait, conscience religieuse, aura acquis une puissance extraordinaire en associant à sa propre autorité celle de Dieu; et non pas d'un Dieu vague, immuable dans son ciel, d'un Dieu qui s'est retiré pour toujours loin des mondes qu'il a créés, mais d'un Dieu personnel, qui parle, qui veut, qui agit, qui aime, par qui tout vit, en un mot, d'un Dieu qui nous enveloppe, qui règne en nous et hors de nous. « Où irai-je loin de ton esprit, où fuierai-je loin de ta face! Si je monte aux cieux, tu y es! Si je descends au sépulcre, t'y voilà! Si j'emprunte les ailes de l'aurore pour fuir à l'autre bout des grandes mers, là même ta droite me saisit; et si je dis : au moins les ténèbres me couvriront à ses yeux, la nuit même devient lumière autour de moi[1]! »

Si la conscience nous révèle un tel Dieu, comment se fait-il que tant d'hommes ne veulent pas consentir à se mettre en rapport avec lui, à laisser agir en eux la force de son autorité et de son amour? Pourquoi tous ne vont pas volontairement à Lui pour distinguer plus clairement l'idéal moral qui s'impose, nous l'avons vu, à tout être humain, et pour mieux marcher vers la perfection de leur nature raisonnable et libre? Pourquoi ne considèrent-ils pas Dieu comme leur vrai refuge et leur unique espoir? Croire

1. Ps. cxxxix, 7 à 13.

en Dieu sans l'aimer, sans le prier, sans l'appeler au secours de la volonté si faible, si fragile, est une inconséquence.

En effet, quel est l'homme qui, après avoir reconnu son devoir, a toujours eu le courage de l'accomplir? « Je ne fais pas le bien que je voudrais, mais je fais le mal que je ne voudrais pas[1]. » Tous les hommes font cet aveu. Tous en sont réduits à reconnaître l'extrême faiblesse de leur volonté, à tel point qu'ils se disent quelquefois, las de lutter, las de vouloir sans pouvoir : « Après tout, envers qui obligé, envers qui responsable? » Et ils perdent leurs derniers restes d'énergie, et ils cherchent des dérivatifs à leurs angoisses, quand ils ne deviennent pas la proie du désespoir. Si du moins ils consentaient à entendre cette voix qui est au dedans d'eux-mêmes : « Tu te sens obligé et responsable, et tu constates ton absolue incapacité. Prends courage quand même. Tu crois en Dieu, tu crois en son amour. De lui viendra pour toi la force. Demandes et tu recevras. D'autres avant toi en ont fait l'expérience. »

Si l'autorité de leur conscience religieuse ne s'impose pas ainsi aux hommes, c'est qu'il n'ont pas pris garde aux expériences des chrétiens.

1. Rom. VII, 19.

C'est pour avoir négligé ce moyen de s'éclairer eux-mêmes que tant d'hommes savent si peu distinguer leurs devoirs religieux.

Voici donc un fait. Il y a dans le monde des hommes qui croient en Dieu, qui l'aiment et le prient, qui reconnaissent l'autorité souveraine de la conscience, et qui se gardent d'oublier qu'une telle autorité dérive de Dieu. Ces hommes se disent les disciples de Jésus-Christ et, comme tels, pleinement satisfaits dans leurs besoins les plus élevés, dans les aspirations les plus intimes de leur âme. Ils déclarent que leur volonté élevée à l'école de Christ, peut accomplir le bien. Ils proclament, et ils en donnent des preuves par leur conduite, qu'une nouvelle vie a commencé pour eux depuis le jour où ils ont connu Jésus-Christ, et que, grâce à lui, ils vont de progrès en progrès dans la voie du perfectionnement moral. Ces hommes, ce sont les vrais chrétiens. Mentent-ils? Leur affirmation est bien certainement une forte présomption quand ils déclarent que les préceptes de Christ sont pour eux une lumière qui éclaire parfaitement leur conscience, l'imitation de ce Maître et la grâce de ce Sauveur toujours vivant et agissant, une cause de vigueur inappréciable pour leur volonté. Il faut bien qu'on s'en rapporte à leur témoignage sous peine de les taxer d'hypocrisie ou d'hallucination.

Ah! c'est que la religion chrétienne est aussi un fait intérieur, un fait de la vie morale. Connaître Dieu, connaître sa parole, connaître Jésus-Christ, écouter l'Église, c'est beaucoup et ce n'est rien. Dieu, Jésus-Christ, l'Évangile doivent être expérimentés par l'homme dans sa propre vie : c'est la seule vraie religion, la religion en esprit et en vérité.

En résumé, la conscience morale gagne en netteté et en vigueur lorsqu'elle s'appuie sur de fortes croyances religieuses. La loi morale seule nous dicte « le devoir »; elle ne nous apprend pas « clairement » quels sont nos devoirs, et n'aide pas la volonté dans l'accomplissement du bien.

C'est l'union intime de la conscience, de la croyance en Dieu et de la foi en Jésus-Christ, qui donne à l'homme une dignité et une force, à la fois humaine et surhumaine. Se soumettre à cette triple autorité intérieure, c'est acquérir la véritable indépendance et le droit de résister à toutes les oppressions religieuses, c'est proclamer la liberté chrétienne.

TROISIÈME PARTIE

AUTORITÉ ET LIBERTÉ

CHAPITRE PREMIER

LA LIBERTÉ DE CONSCIENCE

L'homme est libre. Mais que serait une liberté dont on n'aurait pas le droit d'user?... Droit de penser, droit de professer une foi religieuse, droit d'enseigner aux autres ses propres croyances : la liberté de conscience suppose ces droits.

Aujourd'hui tout citoyen français peut jouir de la liberté de conscience. Mais que de dangers la menacent. Dangers pour les personnes ignorantes et timides qui n'obéissent qu'à la force du nombre ou à la puissance de la routine. Dangers pour l'enfance qui reçoit sans défiance les enseignements qu'on lui donne. Dangers de la part de ceux qui parlent sans cesse de la faiblesse de la raison humaine et qui la troublent par leurs mensonges ou leurs faux arguments. Dangers de

la part de l'Église quand elle ôte aux jeunes gens
le temps et les moyens de penser par eux-mêmes
en leur imposant des règles de conduite auxquelles d'ailleurs ils ne se soumettent souvent que
par déférence, et sans spontanéité vraie. Dangers
encore de la part de l'Église quand elle rend im-
puissante l'initiative individuelle, en empêchant
ses adeptes de lire ou d'étudier tout livre que
n'inspire pas sa foi. Dangers de la part des direc-
teurs de conscience qui volent aux âmes leur
droit de se posséder elles-mêmes, de se connaître
par elles-mêmes, de se fortifier par leur propre
travail intérieur. Dangers de la part de tous les
écrivains ou journalistes qui sèment la haine
contre ceux qui ne partagent pas leur manière
de voir. Dangers même de la part de certains
libre-penseurs dont l'intolérance n'a d'égale que
leur fanatisme. La liberté de conscience exclut
toutes les contraintes, tous les fanatismes.

C'est à bon droit qu'on pourra objecter que la
conscience est faible, qu'elle a besoin de directions et de lumières. Oui, mais à condition que
les directions et les lumières concourent à dissiper les préjugés, en fournissant aux hommes
, moyens de parvenir par leur propre effort à
la connaissance de la vérité.

En fin de compte, la conscience faible ou forte,

n'est-elle pas souverain juge? Les théologiens les plus fanatiques ne font-ils pas eux-mêmes appel aux consciences quand ils cherchent à répandre leurs doctrines. S'ils apportent leur doctrine toute faite, et s'ils demandent qu'on l'accepte, s'imaginent-ils voir les fidèles s'incliner devant eux, les yeux fermés? Mais avant d'être de l'avis des théologiens faudra-t-il encore examiner les théories qu'ils apportent. Et ainsi, quoiqu'on fasse et quoiqu'on dise, la conscience reprendra ses droits et cherchera elle-même ses lumières; et l'homme vraiment raisonnable demandera toujours qu'on lui laisse le temps de réfléchir.

Prétendrait-on encore vouloir imposer les doctrines religieuses par la violence, sous prétexte qu'il est juste de forcer les hommes à être bons?...

« La conduite de Dieu qui dispose toutes choses avec douceur est de mettre la religion dans l'esprit par les raisons, et dans le cœur par la grâce. Mais de la vouloir mettre dans l'esprit et dans le cœur par la force et par les menaces, ce n'est pas y mettre la religion mais la terreur; *terrorem potius quam religionem*[1]. »

-----

[1]. *Pensées de Pascal*, art. XXIV, 3. (Havet.)

« La liberté de conscience, prise en elle-
même, dans son fond, dans son essence, la liberté de penser, si vous aimez mieux, est une
nécessité de notre condition, un droit inhérent
à notre nature humaine; on ne peut nous l'ar-
racher sans nous ôter tous droits et toute liberté, et même toute idée de droit. C'est une
impiété que de nier en principe la liberté de
penser, ou de la disputer à l'homme dans la
pratique, en employant contre elle la ruse, le
mensonge ou la terreur[1]. »

Que dire aussi de la liberté de manifester
ses convictions? Qui oserait nier à l'homme
ce droit?... Nous ne sommes point seuls sur la
terre, une multitude de frères nous entourent,
avides de vérité. Entre eux et nous les rapports
sont constants. Et c'est surtout par la parole que
les hommes profitent entre eux de ce qui est
bon. Hélas! c'est par elle aussi que le mal se
répand. Pourquoi nous tairions-nous si nous
sommes pénétrés d'une vérité? Pourquoi ne ma-
nifesterions-nous pas nos croyances religieuses?... Si nous sommes chrétiens, pourquoi ne le
dirions-nous pas?... Si telle forme donnée par
telle Église au Christianisme nous paraît être

---

1. Jules Simon, *La liberté de conscience*, p. 258.

défectueuse, pourquoi garderions-nous le silence?...

« Le silence est la plus grande persécution; jamais les saints ne se sont tus[1]. »

« Le caractère propre et le premier sceau du Christianisme c'est le témoignage, c'est la confession. Ainsi le premier crime envers Dieu c'est le silence... Laissez dire, laissez-vous blâmer, condamner, emprisonner, laissez-vous pendre, mais publiez votre pensée. Ce n'est pas un droit, c'est un devoir, étroite obligation de quiconque a une pensée de la produire et mettre au jour pour le bien commun. La vérité est toute à tous... Mais l'abus?... Sottise que ce mot. Ceux qui l'ont inventé, ce sont eux vraiment qui abusent de la presse en imprimant ce qu'ils veulent, trompant, calomniant et empêchant de répondre[2]. »

« C'est en vain, disait Lamennais, qu'on essaie d'enchaîner la parole, tant qu'on ne peut enchaîner la pensée elle-même. Malgré les obstacles qu'on oppose à sa manifestation, elle se dégage de tous les liens et se produit forcément

---

1. *Pensées de Pascal*, art. xxiv, 66. (Havet.)
2. Vinet, *Essai sur la manifestation des convictions religieuses*, passim.

au dehors. Renoncez donc à l'idée folle de mettre les esprits aux fers; comprenez que lorsqu'ils s'égarent, on ne les ramène jamais que par une libre persuasion, et qu'on ne les soumet à ce qui est juste et vrai que par des armes toutes spirituelles[1]. »

1. *Des progrès de la Révolution*, p. 97.

CHAPITRE II

LA VRAIE TOLÉRANCE

A notre époque, la tolérance est de mode. On
en parle beaucoup. Mais la pratique-t-on réellement? Trop de gens affectionnent la morale du
« laisser aller », du « laisser faire ». Le sentiment
moral est affaibli, les convictions personnelles
ébranlées : on est généralement très tolérant !

Cependant la tolérance n'est pas seulement
l'indulgence ou la condescendance pour ce qu'on
ne peut ou qu'on ne veut pas empêcher. Cette défi-
nition serait bien vague. La tolérance ne doit
pas être réduite à une simple nécessité de laisser
faire. Car enfin, c'est un devoir pour chaque
conscience de protester contre ce qu'elle désap-
prouve et d'empêcher ce qu'elle croit un mal.
La tolérance n'est point la faiblesse de caractère, ni le manque de courage. Il est donc bon
de se tenir sur ses gardes lorsqu'on est tenté

d'observer trop scrupuleusement la tolérance. Au point de vue religieux et moral il y a une intolérance vertueuse, et une tolérance lâche.

Le Christianisme prêche le support envers tous; mais il se distingue nettement de la tolérance des sceptiques et des indifférents.

Le chrétien ne peut écouter sans protestation tout ce qui attaque et renverse ses croyances. Il a le droit et le devoir de dire que, s'il y a du bon dans toutes les religions, il ne s'ensuit pas que toutes soient bonnes. « Toute plante que le Père n'a pas plantée sera déracinée[1]. » « Qu'y a-t-il de commun entre la justice et l'injustice, et quelle union y a-t-il entre la lumière et les ténèbres, entre Christ et Bélial[2] ? »

Évidemment ce serait une folie et un crime pour une Église chrétienne de se servir de la force pour imposer ses croyances. Tel un médecin qui pour mieux guérir son malade le ferait battre de verges. Mais une Église ne peut être taxée d'intolérance si on entend par ce mot la conviction arrêtée que la vérité repose dans son sein. « Quelle école philosophique, quel parti po-

1. Matth. xv, 13.
2. II Cor. vi, 14.

litique ne pense pas de même dans la sphère à
laquelle ils appartiennent[1]. »

Liberté pour les Églises comme pour les consciences; liberté pour la foi comme pour l'incré-
dulité, soit; mais aussi, obligation de combattre
le mal et de repousser ce que l'on croit une
erreur.

1. A lire d'excellents développements dans Ad. Frank, *Philosophie
du droit ecclésiastique*, III, ch. IV.

CONCLUSION

S'est-on jamais assez préoccupé de ce fait qu'aujourd'hui encore, en France, on considère la religion de Rome comme une religion nationale, bien plus, comme « la Religion »? A-t-on suffisamment remarqué que c'est là le préjugé le plus répandu, celui qu'il faudrait partout dissiper le premier, pour permettre aux esprits de comprendre que Rome n'a pas le monopole du christianisme, et amener les consciences à accepter d'elles-mêmes l'Évangile de Jésus-Christ?

Le christianisme est la religion de la vraie liberté. C'est parce qu'ils méconnaissent le christianisme que certains libres-penseurs, même des mieux disposés en faveur du protestantisme, ne voient d'autre aboutissant que le catholicisme ou la libre-pensée.

Avons-nous réussi à montrer que *le chrétien peut pratiquer la religion en dehors de la tutelle de l'Église catholique ; que la conscience ne conduit pas au catholicisme et que la liberté ne mène pas nécessairement à la libre-pensée?*

Grâce à Dieu, nous n'en sommes pas réduits, pour demeurer chrétiens, à faire partie d'une religion sacerdotale avec l'esclavage de la pensée, l'oppression des consciences, l'intervention de la force dans le domaine de la foi. Il n'est pas vrai, comme le prétendent beaucoup de libre-penseurs, « que tant que la religion servira de prétexte à l'existence d'un corps chargé de l'enseigner et de la maintenir, le dogmatisme religieux aura, suivant les pays et suivant l'époque, ses exils et ses cachots, sa ciguë ou ses bûchers[1]. » L'éminent écrivain qui parle ainsi, a tort s'il prétend englober dans sa critique les diverses communions protestantes. Les Églises issues de la Réforme font au raisonnement la plus grande part possible et réduisent l'action de leurs pasteurs sur les âmes, aux limites les plus étroites. Le libre-examen donne le droit à tout membre de ces Églises de chercher à comprendre par lui-même la Bible et l'Évangile. Le ministre du saint Évangile est pour le fidèle un guide, un conseiller toujours respecté, mais non pas une au-

---

1. B. Constant, *De la religion*, V, p. 185-186.

torité infaillible. Le chrétien protestant n'admet en réalité aucun intermédiaire entre sa conscience et la parole de Dieu. Il n'a pas à choisir entre la religion et la liberté; les deux lui sont aussi chères. Et l'homme, quel qu'il soit, n'est pas obligé de cesser d'être religieux pour devenir libre, ou de renoncer à toute religion pour conserver sa liberté.

Voudrait-on peut-être une religion dépourvue de dogmes, de culte, de tradition, d'interprètes, de docteurs, d'enseignement? Mais que serait-elle alors, sinon un système de philosophie religieuse? « C'est se faire une étrange idée des hommes en général (et je ne parle pas des exceptions) que de s'imaginer qu'un système de philosophie admis sur la foi du raisonnement et sans cesse attaqué par des raisonnements contraires, ou moins que cela encore, qu'un vague sentiment de l'invisible et de l'infini, dépourvu de toute forme précise et se cherchant lui-même, à travers mille changements, sans pouvoir se saisir, offre aux masses qui souffrent et qui travaillent, qui sont aux prises avec les dures nécessités de la vie et les passions indomptées de leur rude nature, un appui proportionné à leur faiblesse, un ensei-

1. Considérations empruntées à l'ouvrage d'A. Franck, *op. cit.*, p. 61.

gnement conforme à leurs besoins, une lumière suffisante pour dissiper la nuit de leur ignorance, une barrière assez forte contre leurs entraînements et leurs doutes... Il leur faut une autorité visible[1], émanation plus ou moins directe de la puissance divine, qui fasse éclater à leurs oreilles, en paroles distinctes, la voie mystérieuse qu'ils n'ont entendue qu'imparfaitement, au fond de leurs consciences. Il leur faut des réunions solennelles où ils sentent leur âme remonter à sa source, etc... On n'est pas vraiment philosophe si l'on ne comprend pas, si l'on refuse de reconnaître cette grande loi de la nature humaine[2]. »

Bien que nous ne partagions pas toutes les convictions d'Athanase Coquerel fils, nous terminerons par la conclusion de son livre : « Laissez mourir de vétusté les dogmes faux et les formes abusives, et voici ce qui en résultera : Dieu règne; Christ parle, son Évangile touche les cœurs; la vérité gagne les esprits, les consciences s'affermissent et s'élèvent; les justes droits sont compris, défendus, exercés; la liberté triomphe de toutes les ambitions dominatrices et de toutes

---

1. Pour nous, protestants, c'est Jésus-Christ éclairant par l'autorité de sa personne toute la Bible.

2. Ad. Franck, *Philosophie du droit ecclésiastique*, p. 175 et suiv.

les peurs; le monde incrédule admire et vient de plus en plus s'enrôler sous une bannière si libre. Le catholicisme s'use, délaissé par quiconque a réellement une conscience indépendante; et le temps approche où l'Église, unie par la profondeur du sentiment chrétien, malgré toutes les diversités des esprits, adoptera pour mot d'ordre, pour signe de ralliement, pour seule confession de foi, l'accomplissement de ce magnifique oracle de Jésus, si peu réalisé jusqu'ici : « C'est à ceci que tous reconnaîtront que vous êtes mes disciples, si vous avez de l'amour les uns pour les autres[1]. »

1. *La Conscience et la Foi*, p. 178.

THÈSES

I

Il y a place, en religion, pour l'autorité et l'individualisme.

II

La Conscience individuelle est, en dernière analyse, le juge suprême au point de vue moral et religieux. C'est ce qu'un catholique, même converti, a de la peine à comprendre.

III

Toutefois, la conscience individuelle, même en religion, ne se décide qu'en vertu d'une autorité extérieure, préalablement reconnue.

IV

Le protestantisme, avec sa méthode du libre-examen et de libre discussion, favorise seul la recherche et la connaissance de la vérité religieuse.

V

Les déclarations de Jésus-Christ impliquent et proclament sa divinité.

VI

Les candidats au saint ministère devraient, à notre époque, se préparer d'une façon très spéciale à la controverse.

VII

Dans nos églises on ne sait plus chanter les psaumes. Le chant est une prière collective; on a tort de le considérer comme une occupation secondaire.

VIII

L'Église devrait exiger de ses pasteurs des connaissances musicales suffisantes.

TABLE DES MATIÈRES

—

—

Documents manquants (pages, cahiers...)
NF Z 43-120-13